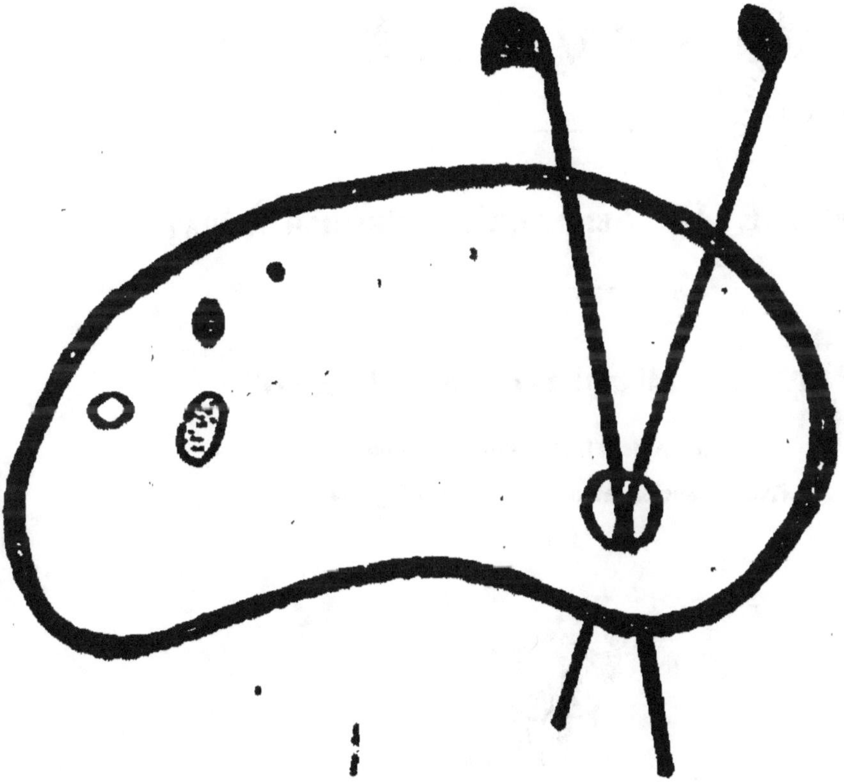

DEBUT D'UNE SERIE DE DOCUMENTS
EN COULEUR

LES
SACS DE PARCHEMINS
de l'Avranchin

PIERRE CHEVAL, SEIGNEUR DU MESNILRAINFRAY

Par M. Hippolyte SAUVAGE

Officier de l'Instruction Publique
Avocat, ancien Maire et ancien Magistrat

AVRANCHES

IMPRIMERIE TYPOGRAPHIQUE ET LITHOGRAPHIQUE DE JULES DURAND
RUES BOUDRIE, 2 ET QUATRE-ŒUFS, 24

1905

Certifié conforme pour 118

L'imprimeur
Fleurant

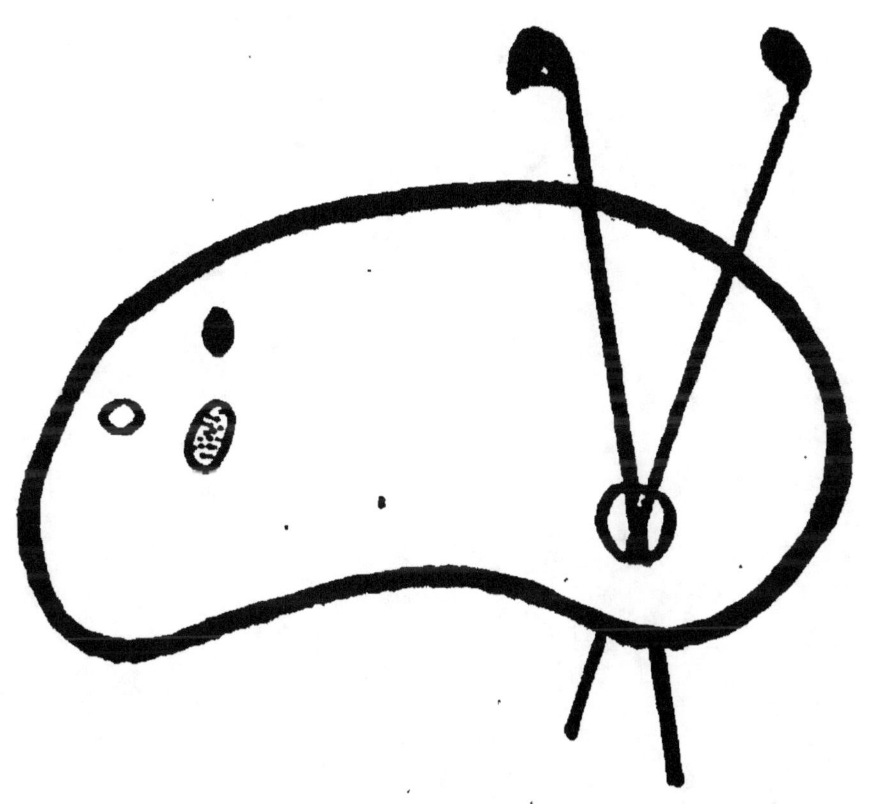

FIN D'UNE SERIE DE DOCUMENTS
EN COULEUR

LES SACS DE PARCHEMINS

de l'Avranchin

Château de Pierrefonds

LES
SACS DE PARCHEMINS
de l'Avranchin

PIERRE CHEVAL, SEIGNEUR DU MESNILRAINFRAY

Par M. Hippolyte SAUVAGE

Officier de l'Instruction Publique

Avocat, ancien Maire et ancien Magistrat

AVRANCHES

IMPRIMERIE TYPOGRAPHIQUE ET LITHOGRAPHIQUE DE JULES DURAND

RUES BOUDRIE, 2, ET QUATRE-ŒUFS, 24

—

1905

Les Sacs de Parchemins de l'Avranchin

PRÉAMBULE

Toute préface nous paraît inutile.

Cependant, nous tenons à dire à nos chers et honorés confrères qu'il est dans nos habitudes constantes de communiquer tour à tour nos compositions à quelqu'un de nos fidèles et dévoués amis, connus dès long temps. C'est ainsi que nous l'avons fait encore pour notre premier modèle tiré des *Sacs de Parchemins de l'Avranchin.*

Si ce premier fascicule leur agrée, il nous sera possible de reconstituer ainsi les existences de certains de nos compatriotes demeurées dans l'oubli, mais qui eurent auprès de leurs contemporains une certaine renommée. Ce nous sera d'ailleurs un moyen parfait pour faire revivre des noms, qui, pour la plupart, n'ont pas survécu à leur époque et qui méritent pourtant d'être conservés.

En même temps, nous pourrons démontrer que l'on peut, à ce compte, établir un véritable livre d'or pour toutes nos notabilités locales.

Il semble en réalité que pour l'histoire on ne se soit attaché qu'aux gloires militaires, car ce n'est qu'à l'exemple de Louis XIV qu'on ait travaillé à constituer des archives utiles que pour les hommes illustres, ou du moins d'une haute distinction. Il n'y a que les Ministères de la Guerre et de la Marine, particulièrement depuis 1789, qui puissent nous fournir des éléments officiels pour les générations passées de notre patrie.

Alors cherchons dans « Les vieux Sacs de Parchemins », et, par l'exemple que nous présentons, ayons la certitude que nous trouverons beaucoup et que nos surprises seront fréquentes.

Quant à ce premier spécimen, voici dans quels termes notre précieux correspondant a analysé notre travail, dans un sentiment absolument sympathique :

« Je n'ai à moi que bien peu de la liberté nécessaire à l'appréciation de votre si intéressante étude. Et quand je dis intéressante, je n'emploie qu'un terme atténué puisque très certainement, avec quelques chartes et quelques documents d'archives, vous avez su composer une suite entraînante, et donner à celui que vous aviez pris sous votre patronage l'allure d'un personnage historique.

« Vous avez lié son sort à celui de Louis d'Orléans et de Valentine de Milan, le faisant profiter ainsi de la célébrité qui s'attache à leurs noms célèbres, et vous lui avez donné un rôle dans le drame mouvementé de leurs vies.

« Vous avez rattaché aussi son nom à celui de deux des grandes résidences princières ou royales, qui sont encore debout : Pierrefonds et Blois.

« Vos inductions à propos de Pierrefonds sont après tout singulièrement fortes, puisque les pouvoirs du bailly étaient en même temps ceux du gouverneur, et que d'après l'Histoire de Carlier, il est démontré que ces deux fonctions, comme ces deux titres, se confondaient bien à la fin du xive siècle et au commencement du xve, pour le comté, devenu duché de Valois. Le gouverneur, Pierre Cheval, devait donc, dans ses attributions administratives et financières, avoir la direction des travaux du château ; et comme ce *château* était en même temps une *forteresse*, la compétence de *l'ingénieur militaire* a dû le faire préférer pour les plans et les constructions à l'architecte de Paris, dont vous citez le nom.

« Vous rappelez que Du Guesclin était le parrain du Duc d'Orléans, et vous le considérez comme ayant patronné Pierre Cheval auprès de son filleul. Voulez-vous me permettre de vous faire remarquer que dans la *Recherche de Jean Guilloches*, Jean Cheval, en déclarant sa généalogie, s'attribue, — avec pièces à l'appui, — comme ancètre Pierre de Saint-Hilaire et Les Malemains. Or, la mère du connétable Du Guesclin était une Malemains, de Saint-Hilaire.... Comme conséquence, Pierre Cheval aurait été le cousin de Du Guesclin, à un degré éloigné....

« J'aurais quelques modifications à vous signaler : nous nous entretiendrons de cela dans une entrevue prochaine.... »

L'entretien a eu lieu et nous avons fait les suppressions désirées.

Hippolyte SAUVAGE.

LES SACS DE PARCHEMINS DE L'AVRANCHIN

Pierre Cheval, seigneur du Mesnilrainfray

I

Dans une précédente étude (1), nous avons pu reconstituer, même avec d'infinis détails, l'existence de Pierre de Navarre, comte de Mortain, et fils du roi Charles-le-Mauvais. Ces recherches sur l'histoire de France, dans la dernière période du xivᵉ siècle et aux premiers temps du xvᵉ, nous ont révélé bien des faits restés jusque-là dans l'ombre. Elles nous ont mis également en contact avec quelques autres personnages de notre Basse-Normandie, qui occupèrent de très hautes situations, et qui, par leur très grande distinction, vécurent dans l'intimité des princes.

En évoquant ici les souvenirs de Pierre Cheval, gentilhomme du Mortainais, qui fut l'un des conseillers intimes et l'un des officiers les plus écoutés de Louis de Valois, duc d'Orléans, et frère cadet du roi Charles VI, il nous sera permis, au moyen des chartes et des parchemins, dont plusieurs portent sa propre signature, de faire revivre l'immense autorité de l'un de ceux qui eurent le plus d'influence sur ce prince, qui aima les belles-lettres, et les beaux-arts, et qui fut animé de l'esprit de cette époque si brillante qui précéda *La Renaissance*.

Il nous sera possible également d'esquisser l'existence fastueuse des palais et des châteaux royaux, aussi bien que les querelles ardentes des Armagnacs et des Bourguignons, succé-

---

(1) Société de l'Histoire de Normandie. Mélanges, Vᵉ série. La charte de Pierre de Navarre. Rouen, 1903.

dant aux drames sanglants de la rue Barbedette (1), à Paris et du Pont de Montereau (2), dont furent les victimes ce même Louis de Valois et Jean-Sans-Peur, duc de Bourgogne.

Ces noms seront l'occasion, en parlant d'un passé bien lointain déjà, de revoir des figures qu'illuminèrent les lueurs de l'héroïsme et du dévouement le plus touchant.

II

La famille Cheval

Avec la *Recherche de la noblesse de l'Election de Mortain* que fit Jean Guilloches (3), élu en cette Election, aux années 1522-1524, la généalogie de la famille Cheval, qui produisit des titres certains, se reconstitue pour six générations :

13..　　　　Bertrand Cheval épousa N.. du Mesnilrainfray.

1370-1415　Pierre Cheval, écuyer, seigneur du Mesnilrainfray.
　　　　　　Guillaume Cheval, écuyer.

1433　　　　Jean Cheval, écuyer, sieur de La Rossaye.
　　　　　　Philippe Cheval, écuyer.

1522　　　　Jean Cheval, écuyer, sieur du Montier et de Chaure
　　　　　　du Bois (4).

Soixante ans plus tôt, en 1463, Montfaut, commissaire royal pour la province de Normandie, avait reconnu la noblesse de Thomas Cheval et de Jean Cheval, à Romagny et au Mesnilrainfray.

Plus tard encore, en 1599, Roissy, et en 1635, d'Aligre, trouvèrent également Ambroise Cheval, sieur de Loiselière, vivant noblement à Juvigny.

---

(1) Située entre les rues Vieille du Temple et Elzévir.

(2) Au département de Seine-et-Marne.

(3) C'est à M. de Tesson, notre très éminent Président, qu'est due la publication de ce fort important travail, dont les éléments ont été découverts et signalés par M. Paul de Farcy, dans les manuscrits de la bibliothèque de Rouen.

(4) Les dates et les noms ci-dessus ont été indiqués par Guilloches, p. 65. Ce sont ceux des titres présentés en 1523, par Jean Cheval, au Commissaire Royal, et qui avaient été reconnus authentiques, par celui-ci, comme ayant échappé aux désastres de la guerre de Cent Ans.

Cette famille ne figure plus dans les listes de Chamillart, l'intendant de la généralité de Caen, autrement que par certaines alliances normandes.

III

Au Mesnilrainfray

Sans aucun doute, la famille Cheval est originaire de l'Avranchin.

Elle s'y trouve dès le xiiie siècle, puisqu'en 1293 Guillaume Cheval tint à honneur de figurer au nombre des bienfaiteurs de l'abbaye de Montmorel, fondée en 1160 par Jean de Subligny, en la paroisse de Saint-Sénier-de-Beuvron, non loin de Saint-James (1).

Rien ne nous fixe sur le lieu de sa résidence jusqu'au moment où Bertrand Cheval, le père de Pierre Cheval, le plus notable de sa famille, vint s'installer au Mesnilrainfray, par son mariage avec l'héritière de ce grand fief (2). Pierre, selon les probabilités dut y naître et y mourir.

Ces Mesnilrainfray, possesseurs terriens, avaient peu après l'année 1081, date de sa fondation, donné, au Prieuré du Rocher de Mortain, les dîmes et les aumônes de l'église paroissiale du Mesnilrainfray. (3)

Par leurs sentiments religieux et leur générosité, les deux familles étaient dignes l'une de l'autre.

Mais victime des guerres provoquées en Normandie par les *Navarrais* et par l'envahissement des Anglais, connues sous le nom de Guerre de Cent ans, l'aîné de la famille Cheval fut contraint d'aliéner ses domaines (4) et sans doute de s'expatrier. (5)

Cependant ses descendants revinrent dans la région du Mor-

---

(1) Cartulaire de l'abbaye de Montmorel.

(2) Guilloches. La Recherche de 1523.

(3) H. Sauvage. Recherches Historiques sur Mortain, 1851, p. 108.

(4) *La Recherche* de Guilloches, p. 65. — M. de Tesson, Annotations sur Guilloches, p. 65.

(5) Guillaume Roussel fit aveu du Mesnilrainfray, en 1394. H. Sauvage. Revue hist. IV, p. 6.

tainais, puisque le 18 septembre 1615, Jeanne Cheval, femme de Jacques de la Houssaye, sieur d'Eron, (1) à Sourdeval, et Anne de Baillehache (2), épouse d'Etienne Levannier, procédèrent au partage de la succession de Demoiselle Françoise du Plessis, fille et héritière de Robert du Plessis, seigneur du fief du Plessis, situé au Mesnilrainfray.

Le Plessis (3) échut alors en partage à la première de ces dames, et depuis, ce domaine est resté aux mains des de la Houssaye, dont le dernier représentant, le docteur Amédée Victor de la Houssaye (4), décédé à Mortain, le 24 décembre 1897, a donné la nue-propriété de sa fortune à l'hospice de Mortain et à la commune du Mesnilrainfray, pour la fondation d'écoles.

Les représentants de la maison Cheval, devenus même assez nombreux, paraissent s'être plus tard dispersés dans tous les horizons (5). Ainsi, Ambroise Cheval, écuier, sieur de Loise-

---

(1) Production de preuves pour admission à l'Ecole royale militaire. Titre original.

(2) D'après d'Hozier (Armorial Général, t. V), qui orthographie ce nom Baillehache et non Bellehache, Suzanne de Baillehache, fille d'Olivier de Baillehache et de Françoise Anzeray, fut mariée le 25 avril 1594, avec Ambroise Cheval, sieur de Loiselière. Le partage de 1615 avait donc eu lieu probablement entre les deux cousines germaines.

(3) Le Plessis n'était pas le principal fief de la paroisse du Mesnilrainfray. Celui-là, qui était près du bourg et désigné sous le nom de Mesnilrainfray, fut, vers l'année 1765, érigé en marquisat pour Sébastien-Anne de Poilvilain (H. Sauvage, Revue hist., p. 7).

(4) Il était fils de Victor-Joseph de la Houssaye, ancien juge de paix de Juvigny et de Pélagie-Antoinette de Pennart, dont la famille, originaire du Maine, se revendique de Guy de Pennart, archevêque d'Aix, qui fut le conseiller et l'ami du célèbre René d'Anjou, roi de Naples.

(5) On remarque effectivement le nom de Cheval reproduit souvent aux alentours de Mortain et de Saint-Hilaire-du-Harcouët, dans les paroisses du Mesnil-Rainfray, Romagny, Juvigny, Martigny, Montigny, Le Mesnilbœufs, Virey, Les Biards, et Saint-Hilaire même. Personnellement, nous avons eu des relations avec les familles de la Houssaye et Semery, dont le chef, M. Henry Semery est mort en 1903, à La Flèche. Dans notre conviction, l'une et l'autre, d'une façon certaine, représentent les anciens possesseurs du Mesnilrainfray.

lière, fils d'un autre Ambroise et petit-fils de Bertrand, posséda et habita ce domaine, situé à Juvigny, jusqu'au moment de son aliénation, le 30 avril 1667, par acte au profit de Olivier Le Barbier, bourgeois de Bayeux, devant les tabellions royaux de cette ville. (1)

III

Pierre Cheval. — Ingénieur. — Au siège de Saint-Sauveur-le-Vicomte

Pierre Cheval, écuier, seigneur du Mesnilrainfray, est sans contredit le plus notable personnage de sa famille. S'il eut vécu aux rives du Rhin impétueux, les populations l'eussent acclamé sans hésitation du titre de Rodolphe, synonyme pour elles de héros. Il fut en effet d'une valeur exceptionnelle, d'une intelli-

---

Il nous est impossible d'admettre aucune corrélation entre ceux-là et les Cheval, de Courcy, près Coutances, dont Chamillart a donné la généalogie, dans laquelle nous ne voyons aucun point de repair avec ceux du Mortainais et de l'Avranchin, ni par leurs prénoms, ni par leurs blasons. Ce fut même probablement pour ce motif, afin qu'il n'y eut aucune confusion entre les deux familles, qu'en 1623, ils obtinrent une commutation de leur nom en celui de Touraine. En fait la noblesse de ces derniers provenait de l'Edit des Francs-Fiefs de 1471, sous Louis XI.

Mais nous tenons à signaler ici diverses alliances qui font grand, honneur à notre famille Cheval :

En 1546, Gilles Avenel épousa Bertrande Cheval. (M. de Tesson Armorial de l'Avranchin, p. 171).

En 1645, Gabriel du Chastel épousa Jeanne Cheval. (Chamillart. Généralité de Caen, p. 66).

En 1653, Julien Le Lièvre, des environs de Caen, épousa Catherine Cheval. (Chamillart, id., p. 419).

André Bénard, également des environs de Caen, se maria avec N... Cheval. (Chamillart, id., 295).

Jean de La Broise épousa Jeanne Cheval. (La Chesnaye des Bois. Armorial, t. IV, p. 342.

(1) Archives du département de la Manche. Série E.

gence hors ligne, apte à tout, et d'un cœur capable des plus grands dévouements.

Par sa naissance, et possesseur d'un fief, il devait au roi le service militaire.

Tout jeune, il se voua à cette carrière, et dès 1373-1375, nous remarquons sa présence au siège de Saint-Sauveur-le-Vicomte, l'une des plus importantes places-fortes de la Basse-Normandie, alors au pouvoir de l'Angleterre.

Les préparatifs faits pour la réoccuper furent considérables.

Le roi Charles V donna particulièrement, le 25 mai 1375, l'ordre de confectionner un grand nombre de canons et de réunir dans le Cotentin une armée capable de tenir tête à toutes les troupes que pourrait y envoyer Edouard III.

Aussitôt les ateliers de Caen et de Saint-Lo se mirent à l'œuvre pour fabriquer de nouvelles pièces d'artillerie. Les travaux commencèrent immédiatement sous la direction de quatre ingénieurs, dont les noms sont signalés par M. Léopold Delisle (1). Ce sont Pierre Cheval, Pierre Gile, Bernard de Montferrat et Jean Vaudoise. Ils furent poussés avec une telle rapidité que le 23 juin les ouvriers avaient entièrement terminé trois grands canons de fer, un petit canon de même métal et 24 canons de cuivre. Quatre autres petites pièces en fer furent achetées en outre, le 26 juin, à deux forgerons ; de sorte qu'à cette dernière date l'arsenal de Caen put expédier à Saint-Sauveur trente-deux bouches à feu, dont les plus fortes lançaient des boulets de pierre, et les autres des plommées, c'est-à-dire de grosses balles de plomb (2).

Le concours des quatre ingénieurs directeurs de cette entreprise fut d'autant plus remarqué, que ce fut à ce siège de Saint-Sauveur, que pour la première fois on fit usage de canons. Ces terribles engins, qui étaient déjà connus depuis une quarantaine d'années, n'avaient été utilisés qu'en rase campagne et notamment à la bataille de Crécy (20 août 1346). Cependant

---

(1) Hist. de Saint-Sauveur-le-Vicomte, p. 203 et 204. Preuves, 193 à 196. Voir nos Pièces justificatives n° 1.
(2) M. L. Delisle. déjà cité. Preuves 193 à 196.

ils n'avaient pas encore rendu de services contre de formidables murailles et cette fois ils eurent raison des Anglais (1).

Duguesclin, le célèbre connétable, devait venir en personne diriger les opérations principales du siège et de l'assaut de Saint-Sauveur. Mais il était alors sous les murs de Brest.

Après l'avoir attendu longtemps, il fallut renoncer à cet espoir et le mérite de la capitulation revint tout entier à l'amiral de France Jean de Vienne, que le roi avait institué pour son lieutenant général en Normandie (1374), avec mission expresse d'assiéger ou de bloquer le château de Saint-Sauveur (2).

IV

Aux Ecuries Royales. — Dans les Finances

Cinq années plus tard, Pierre Cheval faisait partie de la Direction des Ecuries du nouveau roi Charles VI. A ce titre, il était chargé de lever et de rassembler de concert, avec le bailly de Rouen, le nombre de 4,000 hommes, tant en Normandie qu'en Picardie. La quittance des frais nécessités par cette opération est du 10 octobre 1380 (3).

Ces mesures étaient motivées, sans doute, par l'état de minorité du jeune souverain placé sous la tutelle de ses quatre oncles les ducs de Berry, de Bourgogne, d'Anjou et de Bourbon.

Dix ans au-delà, Pierre Cheval, qui est alors à Châlons receveur des deniers levés pour la guerre, reçoit au nom du roi l'ordre de verser dans les caisses de l'Etat les sommes perçues par lui. L'injonction de paiement, qui lui est transmis de Paris, porte la date du 29 juin 1390.

Il est alors, à ce moment, comptable des deniers publics, et entré dans les finances royales (4).

---

(1) Voir Pièces justificatives, n° 1.

(2) M. L. Delisle, id. Preuves, p. 222, 226, 220. Extraits des comptes d'Yvon Huart, receveur des aides à Caen : « A Pierre Cheval, pour ordonner les diz canons et bailler les matières par porcion aux ouvriers, id., p. 193.

(3) M. L. Delisle, id., pp. 187 et 204.

(4) Voir Pièces justificatives, n° 2.

(5) Voir Pièces justificatives, n° 3.

V

Grand Bailly et Gouverneur des Comtés de Valois et de Beaumont. -- Mandataire du Prince

Peu après, en 1395 et 1402, toute autre est la situation de notre très éminent compatriote Normand. Il est passé sous la direction spéciale et indépendante du comte Louis de Valois, frère cadet de Charles VI.

En prenant possession des deux comtés de Valois et de Valois, qui jusqu'à lui avaient toujours été séparés l'un de l'autre, et qu'il fit bientôt élever en duché, le prince avait tenu à organiser un grand bailliage, dont le titulaire exercerait seul les deux charges de bailly et de gouverneur militaire (1). Il voulut confier cette magistrature à Pierre Cheval, dont il appréciait les talents, et il lui donna pour lieutenant Jacques Maigremoin.

Presqu'aussitôt on vit surgir une étrange contestation entre le comte de Valois et Jean Le Vintre, l'un de ses vassaux ; elle démontra la hauteur de caractère du bailly, en même temps que son indépendance et sa droiture.

Voici dans quelles circonstances se produisit ce différend :

Louis de Valois prétendant que le fief du Vintre dépendait de la succession de la duchesse d'Orléans, dont il avait été grafié, devait lui revenir, s'était emparé du patrimoine de Jean Le Vintre, seigneur du Vintre de Verberie. Sur la requête adressée par celui-ci au grand bailly de Valois et de Beaumont, main-levée lui fut accordée par sentence du 31 juillet 1402.

Le prince ayant acquiescé à cette décision, par acte du 20 janvier 1403, Jean Le Vintre rentra en possession du fief paternel.

Cependant Valois s'était déterminé avec peine à cette restitution. Mais sur les conseils de son bailly, qui se porta officieusement son négociateur habile et prudent, il put, par deux contrats des 13 novembre et .. décembre 1403, acquérir ce domaine, au prix total de 885 écus d'or à la couronne, coin du roi (2).

---

(1) Carlier. Histoire du duché de Valois. t. II, p. 346.
(2) Carlier. Déjà cité, t. II, p. 365.

Presqu'en même temps, Louis de Valois, devenu duc d'Orléans, avait acheté pour 400.000 livres les terres de Coucy, de Follembray, de La Fère et de Marles, à Marie de Coucy. Puis, cette même dame lui céda également les héritages qu'elle possédait dans le comté de Soissons (1).

Or nos pièces originales nous fournissent la preuve que la confiance que son bailly avait inspirée au prince fut telle qu'il lui donna non seulement le mandat de négocier pour lui spécialement l'acquisition des châtel, ville et châtellenie de Fère (2), mais aussi de prendre en son nom la possession réelle et la saisine de ces nouvelles possessions. A cet effet, et pour ce motif, le duc d'Orléans remit à Pierre Cheval un mandat de 200 francs d'or, le 17 avril 1595 (3).

Egalement, dans des circonstances à peu près identiques, il avait aussi expédié des mandements datés d'Amiens, le 26 mars 1393, pour payer à son mandataire, qui était son même bailly, la somme de 160 francs d'or, prix d'une haquenée (4), donnée au sire de Chastillon (5).

Peut-être ce mandement ne reçut-il pas d'exécution, puisqu'une quittance de Pierre Cheval, du 23 avril 1393, spécifie qu'il s'agissait d'une même somme de 160 francs d'or, ayant les mêmes causes d'une haquenée au même sire de Châtillon. A moins qu'en réalité l'offrande du duc d'Orléans ait porté sur deux haquenées différentes (6).

Mais s'il s'agit d'une seule et même monture, alors il faut croire que le duc, à court d'argent, aurait mis trois années à s'acquitter d'un engagement concernant une somme relativement minime.

En fait, nous connaissons deux quittances authentiques des appointements de Pierre Cheval, en qualité de bailly des comtés

---

(1) Regnier. Histoire de Soissons, p. 140-150, et preuves. 30.
(2) D'autres auteurs disent la Ferté-Milon.
(3) Voir Pièces Justificatives, Nº V.
(4) Haquenée. Cheval ou jument docile, marchant ordinairement à l'amble.
(5) Catalogue de la collection de Bastard d'Estang, p. 24, nº 174.
(6) Idem, p. 31, nº 239. — Pièces Justif., nºˢ IV et VI.

de Valois et de Beaumont. L'une est du 14 juin 1397 (1) ;
l'autre du 17 novembre 1402. Cette dernière porte sur le tiers
des gages de son office (2). Ils s'élevaient au total de 200 livres
tournois par année.

VI

Au Duché de Luxembourg

Louis d'Orléans ayant acquis le Luxembourg de l'empereur
Wenceslas, agissant au nom de sa nièce Elisabeth, fille du duc
Jean de Luxembourg, ne vit près de lui personne plus apte
que Pierre Cheval pour exercer dans cette contrée lointaine la
fonction de receveur et de gardien de la justice. Il lui en confia
donc les pouvoirs, qui devaient être similaires de ceux qu'il
remplissait déjà dans le Valois, mais qui en réalité étaient plus
étendus à raison de la distance et de ce qu'ils s'exerçaient à
l'étranger.

Au Luxembourg, son représentant s'employa de tout son zèle
à amonceler dans les arsenaux toutes les munitions et tout le
nécessaire en salpêtre, souffre et poudre à canon « pour le faict
de la guerre que Monseigneur faict à l'encontre de ceulx de
Metz » (3). C'est ainsi que Pierre Cheval donna des quittances
de diverses livraisons, les 24 juillet et 14 décembre 1406.

D'après un autre récépissé, du 27 juillet de la même année,
il est même établi qu'il s'est fait expédier de Trèves cent livres
de poudre à canon, qui ont été dépensées pour la même
cause (4).

Une remarque notable à faire, c'est que dans quatre de ces
actes, émanant de la plume de Pierre Cheval lui-même, et
qu'il a tous signés, aussi bien que dans celui de la collection
de Bastard d'Estang, il prend le qualificatif de *Le Roy*, sans
doute de ce qu'il avait autrefois été attaché au service du

---

(1) Même collection, p. 36, n° 288.
(2) Voir Pièces Justificatives, n° VII et VIII.
(3) Voir Pièces Justificatives, n°° IX, X, XI, XII et XIII.
(4) Catalogue de la collection Bastard d'Estang, p. 56, n° 488.

souverain Français. Ainsi peut-on constater, dès cet époque, une tendance à modifier la désignation patronymique du mot Cheval.

Nous tenons de même à signaler que sur quatre chartes contemporaines, émanant du même Pierre Cheval, le sceau qu'il y apposa doit provenir du bailliage de Valois, dont les caractères héraldiques étaient un semis de fleurs de lys.

Pour cinq autres pièces, qui lui sont absolument personnelles, il fait usage d'un scel sur lequel sont gravées trois têtes de chevaux, posées 2 et 1, sur champ d'argent. Ce sont des armes parlantes, selon le terme consacré. Les têtes, bien probablement doivent être de sable, c'est-à-dire noires. Ces sceaux ne sont pas assez bien conservés pour permettre de dire qu'ils portaient une légende ; quant au blason lui-même il est très apparent.

Sur l'indication de Julien Pitard, l'historien de Mortain, (x) on a admis que la famille Cheval ait adopté plus tard l'armoirie *fretté d'or et d'azur de six pièces.* Semblables modifications ont été souvent adoptées. Nous n'insistons pas.

Une dernière quittance, du 30 novembre 1406, signée P. Cheval, nous revèle que ses appointements au Luxembourg avaient été doublés et portés à 400 francs. De plus elle établit que son service y avait commencé le jour de la Saint-Remy 1406 (1).

VII

Capitaine et gouverneur du château de Blois

Il est peu probable que Pierre Cheval se soit trouvé près de Louis, Duc d'Orléans, le 23 novembre 1407, lorsqu'il fut assassiné rue Barbette, à Paris, dans le voisinage de la rue

---

(1) Pièces Justificatives, n °XI.

(x) Pitard n'avait pas été affirmatif. Nous croyons donc que M. Paul de Farcy, notre très distingué héraldiste, aussi bien que M. Victor Gastebois, ont adopté ces armoiries avec trop de précipitation. Nous en avons les preuves dans les chartes que nous indiquons.

Vieille-du-Temple, sur les ordres de Jean-Sans-Peur, Duc de Bourgogne, par dix-huit spadassins soldés pour ce crime odieux.

Ce qui est certain, c'est que la Duchesse d'Orléans, Valentine de Milan, retirée à Blois, où elle alla ensevelir son désespoir, confia à Pierre Cheval la défense et la garde de son château, avec celle de ses enfants.

Non seulement il lui en donna les multiples quittances de ses honoraires, à quatre reprises différentes, en juillet, août, septembre et novembre 1408 (1), mais aussi, il fut chargé de remettre aux « gens d'armes, archiers, arbalestriers et aultres », qui étaient sous ses ordres, les gages mensuels qui leur revenaient.

Et quand la princesse infortunée eut disparu, emportée dans son deuil, le nouveau duc, Charles d'Orléans, son fils aîné, qui fut le père du roi Louis XII, continua sa confiance à Pierre Cheval et le maintint, lui également, dans la capitainerie de la ville et du château de Blois (2).

Le prince lui donna même, en avril 1409, la mission spéciale de visiter en son nom les forteresses de Pierreport (3) et d'Angoulême (4).

Toutes ces chartes, tous ces documents inédits, qui se retrouvent, nous conduisent jusqu'au 10 juin 1411.

Ils doivent être la manifestation des dernières opérations militaires de Pierre Cheval, qui ne dut tarder guères à prendre sa retraite et à revenir dans ses foyers de la Normaddie, pour y mourir au Mesnilrainfray. Mais ni lui, ni les siens ne furent jamais oubliés par le duc Charles d'Orléans. Tout nous permet même de penser que ce fut en souvenir de lui et de son fils Guillaume, que le prince donna, le 9 juin 1450, lors de la pacification de la Normandie, des lettres de Chambellan, près sa cour de Blois, à Fouques de Saint-Germain, fils de Jean de Saint-Germain, dont le brevet de capitaine de Bayeux remon-

---

(1) Pièces justificatives. XIV. XV. XVI et XVII.
(2) Pièces Justificatives. XVIII. XIX et XXI.
(3) Pierreport, arrondissement de Saint-Flour (Cantal).
(4) Pièces Justificatives. XX.

tait au 30 avril 1417 (1). Les de Saint-Germain qui habitaient à La Bazoge, au même canton que les Cheval, devaient être liés d'amitié et avoir peut être avec eux des liens de parenté. Bien probablement Fouques devait de plus être déjà depuis un certain temps à Blois. Il doit y avoir eu des corrélations étroites entre ces deux familles.

VIII

Causes des Succès et de la Fortune de Pierre Cheval

Au moyen des grandes lignes de son existence, il est permis de dire que notre personnage fut un homme d'une valeur réelle, doué d'un grand cœur et d'une remarquable intelligence. Avant tout, Pierre Cheval fut d'une extrême modestie, sans ambition et très laborieux.

Il convient également d'observer qu'il fut merveilleusement secondé par les circonstances, et qu'il eut de très puissants protecteurs, sans lesquels il eut difficilement conquis une exceptionnelle position, malgré ses grands talents et ses aptitudes variées.

Tout nous porte à penser que Du Guesclin fut son premier bienfaiteur.

Ce fait ne saurait être douteux quand on remarque que Guilloches, lui-même, a rappelé (2) que Pierre de Saint-Hilaire et Robert du Mesnilrainfray, dans un même acte, s'étaient constitués les bienfaiteurs du prieuré du Rocher, près Mortain, et de la grande abbaye de Marmoutiers-lès-Tours, en 1174. Ces deux seigneurs étaient en effet parents, à un degré tellement rapproché, — probablement celui de beaux-frères, — que lors d'un partage par succession des biens de leur famille, l'un avait été approprié du fief de Saint-Hilaire-du-Harcouët, et l'autre de celui du Mesnilrainfray, qui relevait féodalement du premier (3).

---

(1) La Recherche de l'Intendant Paris. Manuscrit inédit.
(2) La Recherche de Guilloches. 1523, p. 64.
(3) H. Sauvage. Revue de Mortain. 1885. IV, p. 6.

D'après le manuscrit de Pitard (1), dont nous avons une copie, Jeanne de Saint-Hilaire, fille de Pierre, mort en 1177, au voyage de Jérusalem, en épousant, dès avant 1216, Fraslin Malemains, apporta le château-fort de Saint-Hilaire dans sa nouvelle famille (2).

Or, la mère du Connétable Du Guesclin était, elle aussi, une Jeanne Malemains, dame de Sacey (3), fille de Foulques, de la descendance des Malemains de Saint-Hilaire, et, d'après les probablités, cousine à la 3e et 4e génération de Bertrand Cheval, le père de notre personnage (4).

De plus, comme Du Guesclin était, depuis 1357, capitaine du château de Charuel, à Sacey, non loin de Pontorson, et qu'il posséda également, par don du roi Charles VI, le château-fort de Pontorson, depuis 1376 (5), à raison de leur proche voisinage, des relations de parenté et d'amitié avaient dû se renouer entre les deux familles, qui purent évidemment se bien connaître.

Il présenta donc chaleureusement et sans hésitation son jeune parent à son compagnon et collègue l'amiral Jean de Vienne, qui s'empressa de lui adresser un rapport circonstancié et très favorable sur la conduite très brillante de l'ingénieur remarquable du siège de Saint-Sauveur-le-Vicomte.

Ce fut alors que le Connétable, auquel le roi ne saurait rien refuser, n'hésita plus à lui recommander son protégé, en même temps qu'au prince Louis de Valois, qui fut longtemps considéré comme l'héritier présomptif de la couronne royale, et qui, par parenthèse, était son propre filleul.

Désormais la fortune de notre gentilhomme de l'Avranchin et du Mortainais était assurée.

---

(1) Pitard. Nobiliaire de Mortain. V° Saint-Hilaire.
(2) Pitard. Idem. V° Malemains.
(3) Sacey. Canton de Pontorson, arrondissement d'Avranches (Manche).
(4) L'abbé Pigeon. Le Diocèse d'Avranches. t. II, p. 432.
(5) Original du don de Pontorson. Archives nationales. J. 924, n° 13.

IX

Le château de Pierrefonds

Par ses talents hors ligne d'ingénieur, Pierre Cheval sut conquérir sans limites la plus entière confiance du Duc d'Orléans, qui le chargea de la direction générale et des plans de l'édification du château-fort de Pierrefonds, situé à l'extrémité de la forêt de Compiègne.

Jusqu'ici personne n'a connu le nom de l'auteur de ces constructions remarquables, qui furent commencées en 1390 et terminées en 1405. Or cette période correspond en tout point à celle où Pierre Cheval exerça les fonctions judiciaires de bailly dans les comtés de Valois et de Beaumont. Sa qualité d'ingénieur lui donnait spécialement toute la compétence possible pour être consulté dans les circonstances politiques actuelles, qui devaient surtout exiger une discrétion absolue. De plus, en tant que gouverneur militaire du duché de Valois, Pierre Cheval devait avoir une autorité presque souveraine sur la future forteresse, et il était légitime que ses avis fussent sollicités et ses conseils suivis.

Le duc d'Orléans désireux du pouvoir royal pendant la triste et longue maladie mentale de son frère, le roi Charles VI, mais en lutte avec les ambitions et les convoitises de ses oncles, avait résolu de s'établir fortement dans le Valois, afin d'y dominer Paris. Son choix se fixa sur Pierrefonds. Il y fit élever le château actuel, situé entre deux larges vallons qu'il commande. L'ingénieur qui en dressa les plans fut un homme habile, ayant une connnaissance parfaite des lieux et le coup d'œil d'un stratégiste militaire.

Monstrelet (1) parle de la forteresse comme d'une place de premier ordre et dans une situation admirable. Non seulement elle fut une citadelle de guerre, mais une résidence somptueuse, renfermant tous les services destinés à pourvoir à l'existence

---

(1) Chronique. t. II. chapitre XLII, p. 48.

d'un grand seigneur, en même temps que d'une nombreuse réunion d'hommes de guerre (1).

Pierrefonds tombé en ruines a été admirablement restauré et reconstitué sous Napoléon III, par Violet-le-Duc, le grand architecte qui, lui-même, dans ses publications, n'a indiqué nulle part le nom de son ingénieur et de son créateur.

En attribuant à Pierre Cheval, comme nous le faisons ici, l'honneur des plans de ce merveilleux château, nous croyons en donner des motifs tout au moins vraisemblables. Si nous sommes dans la voie de la vérité, l'édification de la forteresse par lui serait le fait le plus saillant de sa vie.

Cependant on pourrait nous objecter qu'en 1399 et 1400 le duc d'Orléans, qui faisait alors réédifier en partie et restaurer son hôtel, situé à Paris, rue de la Poterne, près de Saint-Paul, avait un architecte en titre, du nom de Raimond Du Temple, lequel se qualifiait *sergent d'armes et maçon du Roy*. Mais, nous le répétons, l'amour-propre du grand seigneur qu'était le prince de Valois lui permettait d'avoir plusieurs ingénieurs ou architectes et de recourir au concours d'un personnel nombreux. Il devait surtout et par dessus tout tenir à laisser ignorer ses vues et ses projets politiques sur Pierrefonds, et conséquemment à une discrétion parfaite, absolue et entière qu'il ne pouvait placer mieux que sur son grand bailly, Pierre Cheval.

C'était une raison dominante irréfutable. D'ailleurs si Raimond Du Temple eut été chargé des plans de Pierrefonds, les chroniqueurs qui le connaissaient parfaitement eussent bien su lui en reporter le mérite, et ils sont restés silencieux à cet égard.

Dès lors nous sommes absolument autorisé à dire que si Pierre Cheval eut une part quelconque dans cette entreprise de l'une des plus splendides fortifications de France, — ce dont nous ne doutons plus, — sa vie fut une triomphale carrière, qui se développa pour lui avec une modestie et une abnégation suprêmes, dans un milieu dont le chef impérieux tenait à ce

---

(1) Viollet-le-Duc. Histoire du château de Pierrefonds. 9ᵉ éd. 1877, p. 9.

que le mobile unique de toutes ses créations ne fût attribué
qu'à lui seul.

X

Pierrefonds au point de vue Militaire

Pour qui connaît le château de Pierrefonds il est facile de
comprendre qu'il fut avant tout une résidence princière et
même royale, réunissant tout le luxe et tout le confortable
possibles.

Le donjon en fut approprié à la résidence personnelle du
Duc d'Orléans et de sa famille. Mais il avait prévu un nombreux
et habituel entourage d'hôtes, de visiteurs et d'amis. Aussi
toutes les dépendances de l'enceinte, défendue par huit tours
formidables et d'une grande élégance, (1) étaient reliées les unes
aux autres par des galeries et des salles vastes et splendides
d'une richesse extrême en meubles et tentures magnifiques. Aux
étages supérieurs se trouvaient les appartements des étrangers
et sous les combles les logements d'un personnel domestique
considérable. Au rez-de-chaussée, on rencontrait nécessairement les cuisines, les offices, les salles de festins et les pièces
destinées aux approvisionnements de toute espèce.

Une vaste cour d'honneur occupait tout le centre de l'édifice.

Enfin, en dehors des douves, qui entouraient l'enceinte for-
tifiée, étaient établis quatre bastillons, nommés bastillon
d'Alexandre, b. de Godefroy de Bouillon, b. d'Hector, et
l'Echauguette du Coin.

Puis, à la porte d'entrée du château, ainsi qu'à trois poternes
devaient stationner des pelotons d'hommes en armes, chargés
d'assurer la défense et l'accès de la forteresse, assistés naturelle-
ment d'un porte-clefs. Leur nombre devait être assez restreint.
Les logements qui leur étaient nécessaires étaient indépendants
et ne communiquaient pas avec le château.

A aucun prix le Duc d'Orléans n'eut pu tolérer la promis-
cuité des soudards et d'une soldatesque recrutée dans tous les

---

(1) L'une d'elles était simulée par une admirable chapelle.

rangs sociaux, voire même à l'étranger. Pareil voisinage eut été par trop dangereux. Aussi dut-il conserver scrupuleusement divers postes avancés, mais établis à une certaine distance des abords du château, et existant déjà bien antérieurement aux constructions qu'il se proposait de faire édifier.

XI

Aux Avant-Postes

Il en avait été ainsi également au temps d'une première forteresse de Pierrefonds, élevée dès les viiie ou ixe siècles, mais démolie par le Duc d'Orléans, et dont l'emplacement et les circuits sont indiqués par la ferme du Rocher, située aux abords de l'église paroissiale. Ces défenses étaient notamment le donjon de Martimont (1), les tours de Courtieux, d'Amblay et de Vivières (2). On avait mis également à profit les obstacles naturels du Mont-Barny, entre Pierrefonds et Saint-Etienne-de-la-Haye-l'Abbesse, celles de Pierrefonds, de Morienval, et le Mont-du-Faîte, dans la forêt de Villers-Cotterets, au dessus de Retheuil, sans compter celles résultant des escarpements de Pierrefonds (3).

Mais le Duc d'Orléans considéra ces avant-postes comme insuffisants et il voulut profiter des ombres mystérieuses de la forêt de Compiègne pour y placer diverses sentinelles avancées, prêtes à accourir au premier signal d'alarme et au besoin à aller réclamer des secours dans toute l'étendue du Valois.

Quelques forts ou fortins détachés furent ainsi établis par lui dans l'immensité de la forêt de Compiègne, aux altières futaies, qui compte encore actuellement 14,441 hectares et se relie à la forêt de Laigue, dont elle n'est séparée que par la rivière de l'Aisne, confluent de celle de l'Oise.

---

(1) Le donjon de Martimont eut autrefois une certaine importance : il figure notamment parmi les peintures de la galerie des Cerfs, à Fontainebleau.

(2) Aucun vestige de ces forts ne subsiste plus aujourd'hui.

(3) Nous devons ces renseignements précieux à l'extrême obligeance de MM. Alfred Michel, maire de Pierrefonds, et Ridoux, bibliothécaire de la ville de Compiègne, auxquels nous tenons à exprimer ici notre plus vive gratitude.

C'est ainsi que, dans un périmètre assez rapproché de Pierrefonds surgirent tout au moins deux forts ou fortins destinés à protéger et à seconder la grande forteresse.

Leurs emplacements, car il ne se trouve aucune trace d'eux, sont encore désignés sous les noms de Fort Poirier, et de Fort Cheval. Ils doivent rappeler les ingénieurs qui les ont édifiés. Ce sont évidemment des noms d'hommes. C'est ainsi que le prince d'Orléans aura voulu conserver le souvenir notamment de Pierre Cheval, son grand bailly-gouverneur du duché de Valois, et y fixer sa propre dénomination personnelle.

De telles allégations n'ont rien d'invraisemblable, et sont au contraire très admissibles, surtout quand elles sont rapprochées de nos documents d'archives que nous avons produits.

Malgré la ruine et le démentèlement de Pierrefonds au temps du roi Louis XIII, le nom de Pierre Cheval a survécu dans la forêt de Compiègne, au milieu du silence des siècles. Il n'est pas contestable que sa mission fut éminemment supérieure. Nous avons voulu la restituer et nous avons la confiance d'y avoir complétement réussi.

XII

CONCLUSION

Néanmoins l'un de nos aimables correspondants nous a cité le nom de Jehan Lenoir, comme étant celui du directeur de l'œuvre de Pierrefonds.

Il nous a rappelé particulièrement que Lenoir délivra certains certificats, qui existent encore, à propos des travaux faits dans la cour, en 1397, et qu'en 1398, il fut chargé comme « maître de l'œuvre de Pierrefonds », de veiller aux travaux du château, ce qui ne constituerait, selon nous, qu'une simple qualité de *surveillant*.

A l'appui de cette thèse, notre contradicteur a ajouté, ce qui lui semblerait probant, que Jehan Lenoir édifia également la chapelle du couvent des Célestins de Saint-Pierre-en-Chartres, dans la forêt de Compiègne.

Mais dans le document que nous reproduisons, d'après Joursanvault (1), la qualité de *maçon* est seule donnée à Lenoir. Il est parfaitement admissible qu'il fut, à ce titre, l'entrepreneur général des maçonneries du château et particulièrement de la remarquable chapelle, — un véritable bijou, — qui en faisait l'ornement.

Mais nous objectons à notre bienveillant adversaire, comme il en convient lui-même, qu'Arnoul Leuilly et d'autres encore *certifièrent* aussi bien que Lenoir l'exécution des travaux à Pierrefonds ; de telle sorte que chacun eut sa direction spéciale et particulière.

Quant à conclure que Pierre Cheval, le grand bailly d'épée et gouverneur du duché de Valois, ait été l'architecte et l'ingénieur qui dressa les plans généraux du château-forteresse, nous maintenons nos inductions en ajoutant que pour l'exécution des plans présentés par lui, et adoptés par le duc d'Orléans, il eut nécessairement de très nombreux collaborateurs pour les diverses parties architecturales de Pierrefonds.

Sa chapelle, entre autres, constitue un merveilleux modèle. Si elle a été reconstruite à peu près exactement par l'éminent architecte Viollet-Le-Duc, elle suppose dans le passé un artiste d'un très haut mérite et d'une incontestable valeur.

Cependant, dût-on même attribuer à Lenoir, ou à tout autre, la plus brillante intervention dans l'œuvre artistique, il n'en resterait pas moins acquis à nos yeux, que Pierre Cheval a été l'âme directrice de l'ensemble de la forteresse renommée, comme encore il dut en surveiller l'exécution sur ses propres conceptions.

---

(1) Pièces justificatives. XXII.

DEUXIÈME PARTIE

1° — Louis de Valois, Duc d'Orléans

Pour bien préciser l'existence au milieu de laquelle vécut longtemps Pierre Cheval, il convient croyons-nous de parler également du Duc et de la Duchesse d'Orléans, dont il sut toujours conserver l'affection : ce furent deux grands et très rares caractères.

Né à Paris, le 13 mars 1371 (n. st. 1372), à l'hôtel de Saint-Paul, Louis fut le 2ᵉ fils du roi Charles V : il reçut au moment de sa naissance le titre de Comte de Valois, qui fut érigé ensuite en duché. Cependant le prince porta plus tard la qualité de Duc de Touraine, et définitivement celle de Duc d'Orléans, nom sous lequel il est plus connu.

Son mariage avec Valentine de Milan lui assura une fortune considérable en Italie.

Le titre de Duc de Milan ne satisfit pas seulement ses ambitions et il désira un royaume sur l'Italie entière ou simplement une principauté, dont Asti eut été la capitale. (1) A cet effet, Charles VI dépêcha vers le Pape trois ambassadeurs chargés de négocier avec la cour pontificale cet octroi d'un royaume inféodé à Monseigneur le Duc d'Orléans. Les lettres en sont datées de Paris, le 24 janvier 1392 (n. s. 1393). Les négociations qui furent longues n'aboutirent pas (2).

Au point de vue social et politique, Louis d'Orléans fut

---

(1) Les Collections de Bastard d'Estang.
(2) Champollion-Figéac. Louis et Charles d'Orléans. Leur influence. 1844.

d'une ambition excessive ; elle provoqua des luttes sans trêve et toujours renaissantes entre lui et le Duc de Bourgogne, son oncle ou ses autres parents, investis de la régence du royaume.

Dans la vie civile et privée, le faste fut un trait de son caractère.

Considéré pendant bien des années comme l'héritier présomptif de la couronne royale, il était le plus beau, le plus riche et le plus élégant seigneur de la cour. On éprouvait, en le voyant, le sentiment que tout en lui devait être joie et jeunesse. Avec sa tête de page, aux cheveux longs et aux grands yeux bleus, son éloquence facile et persuasive, les élans de sa générosité spontanée, on se rendait compte qu'il n'avait pas usurpé sa réputation de *Magnifique*.

En effet, il poussait ses pensées bienfaisantes jusqu'aux limites d'une prodigalité excessive, et saisissait toutes les occasions de distribuer l'or en riches cadeaux à sa famille, à ses amis, à ses serviteurs ; en un mot, il était un prodigue.

Donnait-il, par exemple, un repas, ses invités ne se retiraient point sans emporter des joyaux ou des pièces d'argenterie souvent d'un grand prix. Ainsi, le duc de Berry reçut, en 1394, un porte-paix garni de perles et d'un gros diamant ; les ambassadeurs de l'archevêque de Cologne eurent des hanaps et des aiguières en or ; Catherine de Vendôme et ses filles, en 1401, furent gratifiées de diamants montés en anneaux. Au premier an de 1401, chez un seul fournisseur d'étrennes, son mémoire se montait à 4.600 francs, qui représentaient une valeur intrinsèque de 45.000 francs de notre monnaie actuelle. On y remarquait notamment un tableau rond, en or, sur lequel se détachait, en émail blanc, l'image de Notre-Dame, entourée de sept angelots, et dont la bordure était garnie de quatre saphirs, de quatre balais (1) et de quinze perles. C'était le cadeau destiné à la reine Isabeau, dont les chroniqueurs ou les romanciers nous ont raconté tant de faits et de tels gestes, qu'on ne sait distinguer au milieu d'eux le vrai du faux, la réalité de la fantaisie.

Héritier des goûts de son père, Charles V, pour les beaux-arts et les belles-lettres, Louis d'Orléans s'adonna assez heureu-

---

(1) Balais. Pierre précieuse. Rubis balais, variété de rubis, couleur de vin paillet. Littré. Dictionnaire de la Langue Française.

sement à la poésie. Plusieurs de ses compositions nous ont été conservées. Il eut près de lui divers poètes, dont il favorisa les nobles et heureuses inspirations. Parmi eux, Christine de Pisan se fit une louable réputation.

Les manuscrits furent recherchés par lui et il voulut avoir ou les livres ou les copies des auteurs les plus renommés et recherchés de l'antiquité, encourageant ainsi les hommes d'église et les érudits, les auteurs aussi bien que les copistes. On connaît, par des inventaires, les ouvrages anciens et contemporains de son temps, qui se trouvaient dans ses bibliothèques. En un mot, Louis d'Orléans fut un nouveau Mécène, encourageant par tous les moyens les savants de toutes les classes.

Beaucoup de reproches lui ont été faits par ceux-là même qui furent envieux de la fortune qu'il put posséder. Ce qui par dessus tout surexcita les haines contre lui, ce fut le bruit répandu à dessein dans le peuple, par ses ennemis, qu'il avait dissipé entièrement la *taille*, c'est-à-dire la recette d'un impôt de dix-sept millions. Or s'il avait eu cette somme, énorme pour le temps, à sa disposition, ce qui est difficile à admettre, il n'est pas douteux que la reine Isabelle, et les princes de l'entourage royal, avec leurs innombrables flatteurs, en auraient eu la part la plus considérable. Le Duc d'Orléans avait payé pour les autres, au prix de sa propre réputation et de sa renommée.

Sa mort produisit une impression considérable de répulsion contre ses dix-huit assassins et contre celui qui les avait dirigés dans leur forfait. Les regrets qu'elle sut inspirer à sa' veuve infortunée purent encore parler en sa faveur et la peine du talion imposée à son assassin Jean-Sans-Peur, laissa le peuple indifférent.

La mémoire de Louis d'Orléans est restée entourée de respects, parce que surtout il fut, à Pierrefonds, le précurseur du siècle de La Renaissance qui produisit, à son exemple, tant de chefs-d'œuvre, toujours admirés, avec les châteaux de Chambord, de Blois, de Chenonceaux et de tant d'autres, qui font surtout sur les rives de La Loire une suite non interrompue de merveilles. Il eut l'instinct des belles et nobles choses et il sut prendre en France une initiative que purent seuls accomplir son fils Charles et son petit-fils le Roi Louis XII, surnommé *Le Père du Peuple.* De tels titres sont inoubliables.

2°. — Valentine de Milan, Duchesse d'Orléans

Valentine, Duchesse d'Orléans, fut la fille unique de Galéas Visconti, Duc de Milan, et d'Elisabeth de France : elle était conséquemment cousine de son mari. Leur mariage eut lieu, le 27 janvier 1389 (n. st. 1390), à Melun.

Au milieu même de la cour brillante du temps du roi Charles VI, et parmi tant de femmes, dont l'histoire nous a conservé les noms et les souvenirs, Valentine de Milan se conserva éminente, par l'élévation de ses sentiments, par la grâce de sa personne, l'aménité de son caractère et le charme de ses conversations. Pourtant, ni les soins touchants dont elle entoura le monarque malade, ni les frais d'une longue imagination employée à calmer les ennuis d'un prince presqu'entièrement abandonné de tous, ne servirent qu'à exciter contre elle les calomnies des partis politiques.

Des bruits injurieux furent répandus sur elle. Bientôt on alla jusqu'à l'accuser de mettre en pratique les secrets de la magie, dont elle avait été instruite en Italie, afin de perpétuer la maladie du Roi et d'affermir dans le royaume l'autorité du Duc d'Orléans, son mari.

Ce prince, loin de la défendre contre de telles imputations puériles et ridicules, sans pitié pour son cœur de mère, au moment où elle eut la douleur de perdre coup sur coup deux jeunes enfants, eut la lâcheté et la cruauté de reléguer sa femme, à Asnières d'abord, puis au château de Neufville-sur-Loire, sans un seul mot de compassion, affectant même d'être *marri* de son action.

Un poète cependant, Eustache Des Champs, sut venger l'infortunée Valentine des injustes soupçons de ses contemporains, en retraçant dans ses *Impressions Poétiques* et charmantes le portrait idéal de la femme méconnue, digne de tous les égards et de l'admiration de tous.

Lorsqu'enfin, par un assassinat d'une audace inouïe, la Duchesse d'Orléans fut devenue veuve, sa résignation toute chrétienne, son courage, son amour pour ses chers enfants et les revendications qu'elle réclama pour la punition des coupables suscitèrent en sa faveur les sentiments universels de sympathies.

La devise pleine d'une naïveté touchante qu'elle a adoptée et que l'on repète toujours d'elle,

« Rien ne m'est plus, — plus ne m'est rien ! » (1)

l'a rendue touchante pour tous et l'on rappelle son doux souvenir comme celui d'un cœur affectueux et d'une tendre bonté pour tous les siens.

Elle mourut à 38 ans, consumée d'amertume et de chagrin, seize mois à peine après son mari, en recommandant à tous ses enfants, même au célèbre Dunois, (2) qu'elle avait adopté, de venger leur père commun.

Valentine avait toujours déployé les plus douces vertus, le plus noble caractère et conservé des mœurs pures, au milieu d'une époque et d'une cour corrompue.

Les deux tombeaux du Duc Louis d'Orléans et de la Duchesse, sont dus au talent de Jean de Thoisy, statuaire d'une grande réputation. Ils se trouvaient avant la Révolution dans l'église des Célestins. Après avoir figuré au Musée des Petits-Augustins, ils ont été transportés, en 1817, dans la basilique de Saint-Denis. Ces beaux monuments répondent à la magnificence des deux personnages qu'ils rappellent toujours avec une certaine émotion.

Hippolyte SAUVAGE.

---

(1) Brantome. Dames Illustres. — Cl. Parudin. Devises héroïques, p. 55.

(2) Juvénal des Ursins. Histoire de Charles VI, p. 197, dit ceci de ce guerrier : « Il n'y avait aucun de ses enfants qui fust si bien taillé pour venger la mort de son père ».

PIÈCES JUSTIFICATIVES

N° I

M. Léopold Delisle. Histoire de Saint-Sauveur-le-Vicomte, p. 203 et 204. — Preuves, p. 193-196

Vers l'année 1370. — Le 25 mai, Charles V ordonna de fabriquer à Caen de nouvelles pièces d'artillerie. Les travaux commencèrent le 28 mai, sous la direction de quatre ingénieurs, Pierre Cheval, Pierre Giles, Bertrand de Montferrat et Jean Vaudoise. Ils furent poussés avec une telle activité que le 25 juin les ouvriers avaient entièrement terminé trois grands canons de fer, un petit canon de même métal et vingt-quatre canons de cuivre. Quatre petits canons de fer furent achetés le 26 juin à deux forgerons ; de sorte qu'à cette dernière date, l'arsenal de Caen put expédier à Saint-Sauveur trente-deux bouches à feu, dont les plus fortes lançaient des boulets de pierre, et les autres des plommées, c'est-à-dire de grosses balles de plomb.

(Extrait des comptes d'Yvon Huart, receveur des Aides à Caen, relatifs à l'histoire de Saint-Sauveur. Années 1370 à 1375. Registre KK. 350, des Archives nationales).

N° II

Bibliothèque Nationale. Manuscrits. Fonds Français, n° 27,224 Pièces Originales. Registre, 740. Dossier 16,911. N° 19

10 octobre 1380

En la présence de Moy Martin Courtin, clerc, notaire et secrétaire du Roy nostre Sire, Pierre Cheval, chevalier de l'Escurie du Roy confesse avoir eu et reçeu de Maistre Denis Debudant, aussy notaire et secrétaire d'iceluy seigneur et receveur général de ses finances, la somme de vingt livres treize solz trois deniers tournoys pour ung voiage qu'il faict présentement et partant de Tours allant au païs de Normandie en la compaignie de Monseigneur le bailly de Rouen et semblablement au païs de Picardie pour assembler le nombre de IIII^m hommes et de rapporter diligemment récit de ce audict sieur ledict bailly de Rouen ce qu'il aura besongné touchant la charge qu'il a dudict seigneur. De laquelle somme de XX livres XIII solz III deniers ledict Pierre Cheval s'est tenu pour content et en a paiement et quicte ledict receveur et tous autres. Tesmoing mon sceing manuel cy mis. Le XIIIe jour d'ottobre l'an mil CCC quatre-vingt.

Signature M. Courtin. Original. Le sceau a été coupé.

Nº III

BIBLIOTHÈQUE NATIONALE. MANUSCRITS. FONDS FRANÇAIS, Nº 27,224
PIÈCES ORIGINALES, 740. DOSSIER 16,911. Nº 16

19 juin 1390

Vuillez escrire à Pierre Cheval, recepteur des aides ordonnées pour la guerre de Chaalons. De la somme de cent livres tournoys. Sur ce qu'il peut devoir à cause de ladicte recepte.

Par le Roy pour la refection de ses reliques et faites mettre en ses coffres. Escrit à Paris le vingt neufiesme jour de juing l'an mil CCC IIII^{xx} et dix. — Signé J. Hemon. Trace de deux sceaux de cire rouge formant croix. Original.

Nº IV

BIBLIOTHÈQUE NATIONALE. MANUSCRITS. FONDS FRANÇAIS.
NOUVELLES ACQUISITIONS. Nº 3,638

26 mars 1392 (nouveau siècle 1393)

Loys, filz de Roy de France, duc Dorliens, conte de Valois

et de Beaumont. A nostre amé et féal trésorier Jehan Poulain, salut et dilection.

Nous voulons et vous mandons que tantost et sans délai ces lettres veues, vous, des deniers de noz finances paiez, baillez et delivrez à nostre amé Maistre Pierre Cheval, bailly de Valois la somme de huict vins frans d'or : Enquoy nous sommes tenuz à luy pour cause d'une haquenée que nagaires avons achetée de luy, laquelle nous avons donnée à nostre chier et amé cousin le Sire de Chastillon.

Et par raportant ces présentes et quittance sur ce, nous voulons ladicte somme de huict vins frans estre aloée en voz comptes et rabatue de vostre recepte par noz amez et féaulx gens commis à l'audition de noz comptes sans contredict, non obstant quelxconques ordenances, mandemens ou deffenses à ce contraires.

Donné à Amiens, le XXVIe jour de mars, l'an de grâce mil CCC IIII ᵡˣ et douze.

Par Monseigneur le Duc. Signé Gilet. — Le sceau est coupé. Original.

Nᵒ V

Bibliothèque Nationale. Manuscrits. Fonds Français, Nᵒ 27,224 Pièces Originales. 740. Dossier 16,911. Nᵒ 2

17 avril 1395

Loys, filz de Roy de France, duc Dorliens, conte de Valoiz et de Beaumont.

A nostre amé et féal trésorier Jehan Poulain, salut et dilection.

Savoir vous faisons que pour considéracion des bons et agréables services que vous a faiz ou temps passé chascun jour continuellement nostre amé Maistre Pierre Cheval, nostre bailly es contez de Valois et de Beaumont, et en recompensacion de plusieurs wiages et chevauchées par luy faictes tant ou faict de son dict office que à l'acquisicion par nous faicte du Chastel, ville et Chastellenie de Fère et de ses appartenances, comme en celles qu'il luy conviendra faire pour aller prendre de pour nous la possession et saisine des diz lieux. Nous lui avons donné et donnons de grâce espécial par ces présentes la somme de deux cens frans d'or, et icelle prendre et avoir une foiz des deniers de noz finances.

Si vous mandons que des deniers de noz dictes finances vous payez, baillez et delivrez tantost et sanz delay à nostre dict bailly ou à son certain mandement la dicte somme de II^c frans. Et par rapportant ces présentes et quictance souffisante d'icelluy bailly ycelle somme sera alloée en voz comptes et rabatue de vostre recepte par noz amez et feaulz gens de noz comptes sanz aucune difficulté ou contredict non obstant quelconques ordenances, mandemens ou défenses à ce contraire.

Donné à Paris, le XVIIe jour d'avril l'an de grâce mil CCC IIII^{xx} et quinze, après Pasques.

Par Monseigneur le Duc, nous et Mestre Jehan de Poussay, présens.

Signé Le Guingant. Fragment de cire rouge. — Original.

N° VI

BIBLIOTHÈQUE NATIONALE. MANUSCRITS. FONDS FRANÇAIS. NOUVELLES ACQUISITIONS. N° 3,639

23 avril 1395

Saichent tuit que Je Pierre Cheval, bailly de très noble et très puissant Prince Monseigneur le Duc Dorliens ès contez de Valoiz et de Beaumont, confesse avoir eu et reçeu de Jehan Poulain, trésorier de mon dict Seigneur la somme de huit vins livres tournois. En quoy mon dict Seigneur m'estoit tenuz pour cause d'une haquenée que naguieres avait achaité de moy et donnée de plin don au Sire de Chasteillon. Si comme par lettres de mandement du dict Seigneur, données à Amiens, le XXVIe jour de mars l'an mil CCC IIII^{xx} et douze peut apparoir. De laquelle somme de VIII vins livres tournois dessus dicte je me tieng pour content et bien paié et en quitte mon dict Seigneur le Duc, son dict trésorier et tous autres. Donné en tesmoing de ce soubz mon signet plaqué et soubz mon seing manuel, le XXIIIe jour d'avril l'an mil CCC IIII^{xx} et quinze.

Signature autographe P. Cheval. Sceau en cire rouge sur equel on lit distinctement S. PETRI... Au centre, qui est fruste, on voit une tête de cheval ; le reste a disparu. — Original.

N° VII

Bibliothèque Nationale. Manuscrits. Fonds Français. Nouvelles Acquisitions. N° 3,640

14 juin 1397

Saichent tuit que Je Pierre Cheval, bailly de Monseigneur le Duc Dorliens ès contez de Valois et de Beaumont et ès terres adioutées. J'ay eu et reçeu de Pierre Cordelle, receveur de mon dict seigneur ès dictes contez et autres, la somme de soixante livres treize solz quatre deniers tournois qui deue mestoit au terme de Lastenton *(Ascension)* nostre Seigneur passé pour un tiers de mes gaiges de II ᶜ livres tournois que je preng chacun an à III termes sur la dicte recepte à cause du dict bailliage. De laquelle somme de LXVI livres XIII solz quatre deniers dessus dicte je me tieng à bien paié à plain et en quitte le dict Monseigneur le Duc, son dict receveur et touz autres.

Donné en tesmoing de ce soubz mon scel et seing manuel, le XIIII° jour de juing l'an mil CCC IIII ˣˣ et dix sept. Signé P. Cheval. Original.

Même sceau de cire rouge, mais moins bien conservé que le précédent.

N° VIII

Bibliothèque Nationale. Manuscrits. Fonds Français, n° 27,224 Pièces Nriginales, Registre 740. Dossier 16.911. N° 3

17 Novembre 1402

Saichent tout que Je Pierre Cheval, bailly de Monseigneur le Duc d'Orliens, ès contez de Valoiz et de Beaumont, ay eu et reçeu de Pierre Cordelle, receveur de mon dict Seigneur, au dict bailliage la somme de soixante-six livres treize sols quatre deniers tournois, qui deubz m'estoient au terme de feste de Toussains dernier passé, pour un tiers de mes gaiges de II ͨ livres tournoys que je pren par an à III termes sur la recepte devant dicte à cause de mon dict bailliage. De laquelle somme de LXVI livres XIII sols IIII deniers dessus diz je me tieng à bien paié à plain et en quitte le dict receveur et tous autres. Donné soubz le contre seel du dict bailliage, le XVII ͤ jour de novembre l'an mil CCCC et deux. — Original.

Pas de signature. Fragment de sceau rouge sur lequel on ne voit qu'un semis de fleurs de lys.

N° IX

BIBLIOTHÈQUE NATIONALE. MANUSCRITS. FONDS FRANÇAIS, n° 27,224 PIÈCES ORIGINALES. REGISTRE 740. DOSSIER 16,911. N° 4

24 juillet 1406

Saichent tout que Je Pierre Cheval, dit Le Roy, confesse avoir eu et reçeu de Oudin Bernart, receveur général de Lucembourg, la somme de seize florins de Rin (Rhin), qui deubz m'estoient pour salpestre et soffre (Souffre), par moy baillé et livré pour faire pouldre à canon, pour le fait de la guerre que Monseigneur le Duc d'Orlians a alencontre de ceulz de Metz. Desquelz XVI florins de Rin dessus dictz je me tienz à bien paié et en quicte mon dict le Duc Dorliens, le dict receveur et touz autres.

En tesmoing de ce j'ay scellé ceste présente quittance de mon propre scel. Le XXIIII ͤ jour de juillet, l'an mil IIII ͨ et six.

Sans signature. Très petit fragment de cire jaune brunie sur lequel on lit les trois lettres ILL du mot SIGILLVM.

N° X

LES COLLECTIONS DE BASTARD D'ESTANG, PAGE 56. N° 88

27 juillet 1406

Mandement de Guillaume, sire de Braquemont, lieutenant

général au duché du Luxembourg pour le Duc d'Orléans ; il ordonne de payer à Pierre Cheval, dit Le Roy, quarante florins du Rhin « pour cent livres de pouldre à canon que nous avons « fait, par lui achettés à Trèves, laquelle a esté despensée pour » le faict de la guerre que mondict seigneur a à présent à l'en- » contre de ceulz de Metz. » 27 juillet 1406.

N° XI

BIBLIOTHÈQUE NATIONALE. MANUSCRITS. FONDS FRANÇAIS. N° 27,224
PIÈCES ORIGINALES. REGISTRE 740. DOSSIER 16,911. N° 5

31 Octobre 1406

Saichent tout que Je Pierre Cheval, receveur et garde de la justice du païs du Lucembourch, confesse avoir eu et reçeu de honorable homme et saige Oudin Bernart, receveur général du païs de Lucembourch, la somme de quatre cens frans pour mes gaiges de ceste présente année finie à la Sainct Remy l'an mil quatre cens et six. Desquelz IIII^c frans dessus diz je me tiens pour content et bien paié et en quicte Monseigneur le Duc Dorliens, le dict receveur et tous aultres. En tesmoing de ce j'ay scellé ces présentes de mon scel et signées de mon seing manuel. Le dernier jour d'ottobre l'an mil quatre cens et six dessus dict.

Signature autographe P. Cheval. Le sceau est coupé. — Original.

N° XII

BIBLIOTHÈQUE NATIONALE. MANUSCRITS. FONDS FRANÇAIS. N° 27,224
PIÈCES ORIGINALES. REGISTRE 740. DOSSIER 16,911. N° 7

14 décembre 1406

Guillaume de Braquemont, lieutenant général ou païs et duché de Lucembourch pour mon très redoubté Monseigneur le Duc de Lucembourch, gouverneur dudict pays. A nostre bien

amé Oudin Bernart, receveur général d'icelluy païs, Salut. —
Nous vous mandons que à Pierre Cheval, dict Le Roy, vous
baillez et delivrez de vostre recepte la somme de trente neuf
florins de Rin *(Rhin)*, pour soixante trois livres de pouldre à
canon eue et receue de luy pour gueroier ceulx de Mes *(Metz)*,
avec vint neuf livres de souffre à faire pouldre à canon, oultre
par dessus cent livres d'autre pouldre à canon, et par rapportant quittance du dict paiement sous son scel la dicte somme de
XXXIX florins sera alouée en vos comptes et vous sera rabatue
de vostre recepte par paiment où il appartient sans difficulté
aucune. Donné soubz nostre scel le quatorziesme jour de décembre l'an mil IIII ᶜ et six. — Par Monsieur le lieutenant général.
Signature Thomery.

Le sceau est coupé. — Original.

Nᵒ XIII

Bibliothèque Nationale. Manuscrits. Fonds Français, Nᵒ 27,224
Pièces Originales. Registre 740. Dossier 16,911. Nᵒ 6

14 décembre 1406

Saichent tout que Je Pierre Cheval, dit Le Roy, confesse avoir
eu et reçeu de Oudin Bernart, receveur général de Lucembourch,
la somme de trente neuf florins de Rin, qui deubz mestoient
pour soixante trois livres de pouldre à canon lesquelx je les ay
delivrez à Monseigneur de Braquemont pour guerroier ceulx de
Metz, avec vint neuf livres de soffre *(souffre)* à faire pouldre à
canon, oultre et par dessus cent livres d'autre pouldre à canon.
Desquelz XXXIX florins dessus diz je me tiengs à bien paié et
content et en quitte Monseigneur le Duc Dorliens, le dict receveur et tous autres à qui quittance doit appartenir.

En tesmoing de ce je ay scellé cette présente quittance de
mon propre scel. Le XIIII ᵉ jour de décembre l'an mil IIII ᶜ
et six.

Absence de signature et sceau coupé. — Original.

No XIV

BIBLIOTHÈQUE NATIONALE. MANUSCRITS. FONDS FRANÇAIS, N° 27,224
PIÈCES ORIGINALES. REGISTRE 740. DOSSIER 16,911. N° 8

9 août 1408

Je Pierre Cheval confesse avoir eu et reçeu de honnorable et saige Maistre Guillaume Maigret, sécretaire de Madame la Duchesse Dorleans (*sic*), et paieur des gens d'armes, archiers et arbalestriers estans ou chastel de Bloys pour la garde d'iceluy, la somme de vint livres tournoyst pour mes gaiges du moys de juillet derrenier passé ; de laquelle somme de vint livres tournoyst je quicte ma dite dame, le dit Maistre Guillaume et tous autres. Tesmoing mon scel et seing manuel cy mis. Le IXe jour d'aoust mil CCCC et huit. Signé P. Cheval (*autographe*).

Sceau en cire rouge sur lequel paraît un écusson avec trois têtes de chevaux bien apparentes. Le champ est bien uni, ce qui indique le signe *argent*, en termes de blason. — (Original)

No XV

BIBLIOTHÈQUE NATIONALE. MANUSCRITS. FONDS FRANÇAIS, N° 27,224
PIÈCES ORIGINALES. REGISTRE 740. DOSSIER 16,911. N° 10

20 août 1408

Sachent tout que Je Pierre Cheval confesse avoir eu et reçeu de honnorable homme et saige Maistre Guillaume Maigret, sécretaire de Madame la Duchesse Dorleans, et paieur des gens d'armes, archiers, arbalestriers, et autres estans ou chastel de Bloys pour la garde d'icellui, la somme de vint livres tournoys pour mes gaiges de ce présent moys d'aoust d'avoir vaqué à la garde dudit chastel. De laquelle somme de vint livres tournoys je quicte ma dite Dame, le dit Maistre Guillaume et tous autres. Tesmoing mon scel cy mis. Le XXe jour dudit moys (*sic*) mil CCCC et huit. Sans signature. Fragment de cire rouge absolument effacé.

N° XVI

BIBLIOTHÈQUE NATIONALE. MANUSCRITS. FONDS FRANÇAIS, N° 27,224
PIÈCES ORIGINALES. REGISTRE 740. DOSSIER 16,911. N° 11

2 septembre 1408

Sachent tout que Je Pierre Cheval confesse avoir eu et reçeu de honnorable homme et saige Maistre Guillaume Maigret, secrétaire de Madame la Duchesse Dorleans, et paieur des gens d'armes, archiers, arbalestriers et autres soudoyers ou chastel de Bloys pour faire la garde de ladite ville et chastel la somme de vint livres tournoys pour mes gaiges escheus du présent moys de septembre mil CCCC et huict. De laquelle somme je quicte ma dite Dame, le dit Maistre Guillaume et tous autres. Tesmoing mon scel cy mis. Le II° jour dudit moys l'an dessus dit.

Sans signature. Sceau de cire rouge avec trois têtes de chevaux posées 2 en chef et 1 en pointe. Le champ de l'écu est uni. — Original.

N° XVII

BIBLIOTHÈQUE NATIONALE. MANUSCRITS. FONDS FRANÇAIS, N° 27,224
PIÈCES ORIGINALES. REGISTRE 740. DOSSIER 16,911. N° 9

15 novembre 1408

Saichent tout que Je Pierre Cheval confesse avoir eu et reçeu de Maistre Guillaume Maigret, secrétaire de Madame la Duchesse Dorléans, et paieur des gens d'armes, archiers, arbalestriers et autres gens de guerre estans ou service de ma dite Dame, la somme de vint livres tournoys pour mes gaiges de ce présent moys de novembre, pour avoir vacqué à la garde du chastel de Bloys. De laquelle somme de XX livres tournois dessus dite je me tiens pour content et bien paié et en quicte madite Dame, le dit Maistre Guillaume et tous autres. Tesmoing mon scel cy mis, le XV° jour du dit moys de novembre l'an mil CCCC et huit. — Sans signature. Sceau de cire rouge avec trois têtes de chevaux, posées 2 et 1.— Original.

Nᵒˢ XVIII et XIX

BIBLIOTHÈQUE NATIONALE. MANUSCRITS. FONDS FRANÇAIS, Nᵒ 27,224
PIÈCES ORIGINALES. DOSSIER 16,911. REGISTRE 740. Nᵒˢ 13 et 14

9 février 1408 (n. s. 1409) et 4 mars 1408 (n. s. 1409)

Deux quittances identiques aux trois précédentes, données
par Pierre Cheval pour les mois de janvier et de février 1409,
à raison de la garde et de la défense du château de Blois. —
Elles portent les dates ci-dessus, mais ne sont pas signées. Sur
la première se retrouvent l'écusson aux trois têtes de chevaux et
sur la seconde l'une des têtes de cheval est seule visible. Ces
deux cachets de cire rouge ont souffert. — Originaux.

Nᵒ XX

BIBLIOTHÈQUE NATIONALE. MANUSCRITS. FONDS FRANÇAIS, Nᵒ 27,224
PIÈCES ORIGINALES. REGISTRE 740. DOSSIER 16,911. Nᵒ 15

21 avril 1409

Saichent tous que Je Pierre Cheval nagairez commis et envoié
de par Monseigneur le Duc Dorliens ès contés et païs de Pierreport et Dangolesme pour la visitacion des forteresses et autres
causes, ay et confesse avoir heu (*eu*) et reçeu de honnorable et
saige Maistre Pierre Sauvage, sécretaire d'icelly et garde de ses
coffres, la somme de XXIIII livres tournois pour parpaie (*) de
mon voyage en fait à moy promis, ouquel voyage j'avois vaqué
par XXIIII jours, oultre ce qui m'avoit (*esté*) baillé à mon
département, quy fut le samedy XVIᵉ jour de feuvrier mil IIII ᶜ
et huit (*1409* n. s.), et mon retour fut le merquedy X d'avril
mil IIII ᶜ et neuf tout inclus. De laquelle somme de XXIIII livres tournois je quitte mondict le Duc, le dit Maistre Pierre et
toulx autres à qui quittance en appartient et doit appartenir.

(*) Terme vieilli, employé dans le sens de règlement de compte.

Tesmoing mon signe manuel et mon scel cy mis, le dimanche XXIe jour d'avril au dit an mil IIIIe et neuf.

Signature P. Cheval, autographe. Le sceau est coupé. — Original.

No XXI

BIBLIOTHÈQUE NATIONALE. MANUSCRITS. FONDS FRANÇAIS, No 27,224
DOSSIER 16,911. PIÈCES ORIGINALES 740. No 12

10 juin 1411

Je Pierre Cheval confesse avoir eu et reçeu de Maistre Guillaume Maigret, sécretaire de Monseigneur le Duc Dorleans, et paieur des gens de guerre estant en son service, la somme de vint livres tournoys pour mes gaiges à mon acquit à la garde des ville et chastel de Bloys, le mois de décembre derenier passé. De laquelle somme de vint livres tournoys je quicte mon dict Seigneur, le dit Maistre Guillaume et tous autres. Tesmoing mon scel cy mis, le Xe jour de juing l'an mil CCCC unze.

Pas de signature. Sceau de cire rouge avec trois têtes bien apparentes de chevaux. — Original.

No XXII

CATALOGUE DES COLLECTIONS D'ARCHIVES
DU BARON DE JOURSANVAULT. 1838. TECHNER, P. 230. No 1,260

18 avril 1397

« Jehan Lenoir, maçon du roi au bailliage de Senlis, mande à Gilles Chastellaie, paieur sur le fait des œuvres nouvellement ordonnées par le Duc d'Orléans estre faictes en son chastel à Pierrefonds, de payer les ouvriers qui ont loué ung tombereau à deux chevaux, depuis le 27 mars jusqu'au 18 avril 1397, pour vuider les terreaux et gravoiz yssus des décombres de la refente qui a esté faicte du pan et préau du donjon, pour fonder en ycelluy par une vis ou coste devers la cour etc. »

Avranches — Imp. de J. Durand, rues Boudrie, 3, et Quatre-Œufs, 24

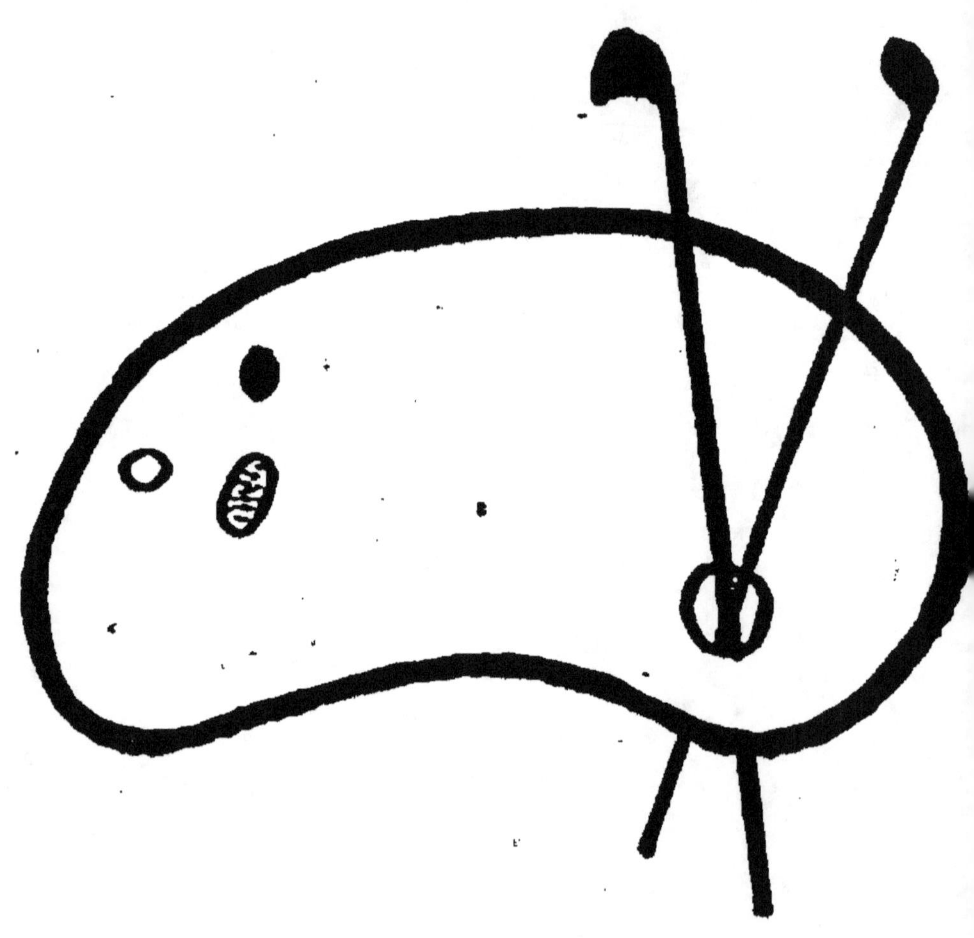